SMART COOKIE KID

For 3 - 4 year olds

Mary Khalil
Baha Kodir

🟦 ПРЕДИСЛОВИЕ

«Smart Cookie Kid» - развивающая рабочая книга содержит множество увлекательных упражнений, предназначенных для развития у вашего ребенка внимания, концентрации, множественного интеллекта, зрительной памяти, моторики, критического мышления, способностей к обучению, решения проблем, творческих способностей и многого другого.

Для достижения оптимальных результатов мы рекомендуем детям выполнять эти упражнения последовательно и регулярно под руководством взрослых. Каждое упражнение в этой занимательной и развивающей внимание книге сопровождается четкими инструкциями. Для каждого упражнения нет определенного ограничения по времени. Самое главное, что вашему ребенку нравится концентрировать свое внимание, решая проблемы и осваивая новые навыки. Если ваш ребенок когда-нибудь обнаружит, что инструкции сбивают с толку во время занятия, важно прояснить эту путаницу простым и понятным объяснением или привести пример.

Позитивное словесное поощрение — отличный способ мотивировать ребенка, когда он успешно выполнит упражнения. Например, вы можете сказать: «Ты делаешь потрясающую работу. Ты невероятно классный!»

В книге представлены восхитительные иллюстрации, тщательно созданные. опыт, специально разработанный для того, чтобы увлечь воображение детей Эти произведения нежного искусства результат таланта профессионалов художники.

Кроме того, мы включили развлекательные игровые страницы, с качественным общением дома со своими детьми. Эти весёлые игры обязательно создадут незабываемые моменты и укрепят прочную связь между вами и вашими малышами.

Желаем вашим детям успехов и светлого будущего!

🇺🇸 PREFACE

This developmental workbook features a variety of engaging exercises designed to enhance your child's attention, concentration, multiple intelligences, visual memory, motor skills, critical thinking, learning abilities, problem-solving, creativity, and more. For optimal results, we recommend that children complete these activities sequentially and regularly, with the guidance of an adult. Every exercise in this entertaining and attention-boosting book is accompanied by clear instructions. There is no specific time limit for each exercise. What's most important is that your child enjoys focusing their attention while solving problems and learning new skills.

If your child ever finds the instructions confusing during an activity, it's important to clarify those confusions with a simple and relatable explanation or by providing an example. Positive verbal encouragement is a great way to motivate your child when they successfully complete the exercises. For instance, you can say, 'You're doing an amazing job!' or 'You're incredibly awesome!'

The book features delightful illustrations created with care and expertise, specifically tailored to captivate children's imaginations. These works of gentle art are the result of the talents of professional artists.

In addition, we've included entertaining game pages to provide parents with quality bonding time at home with their children. These fun games are sure to create memorable moments and foster a strong connection between you and your little ones.

We wish your children success and a bright future!

Какой символ напоминает циркуль? Отметьте.
Which symbol resembles the compass? Mark it.

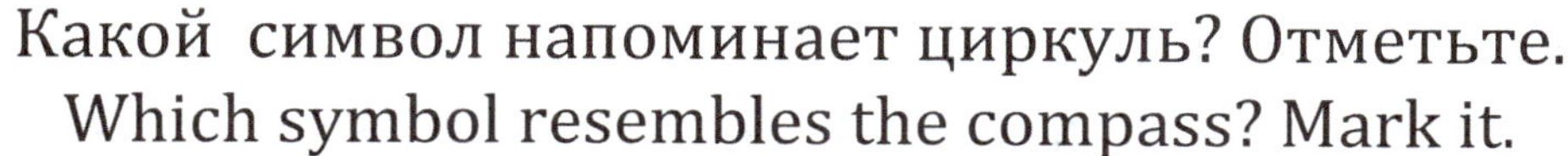

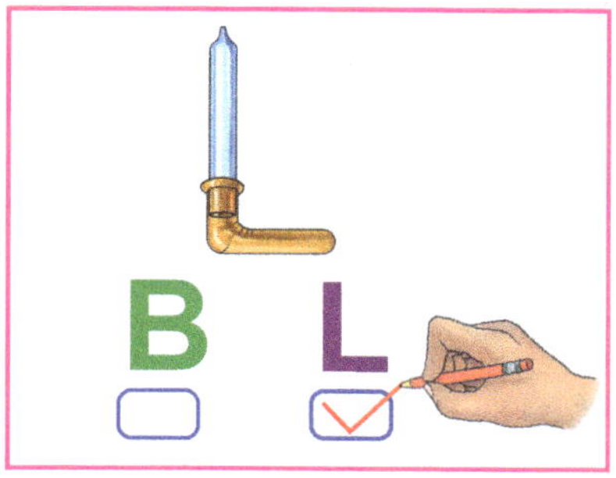

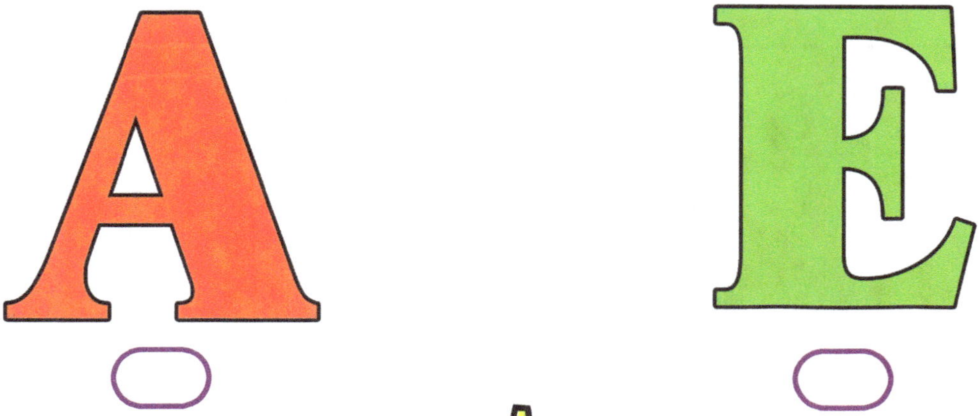

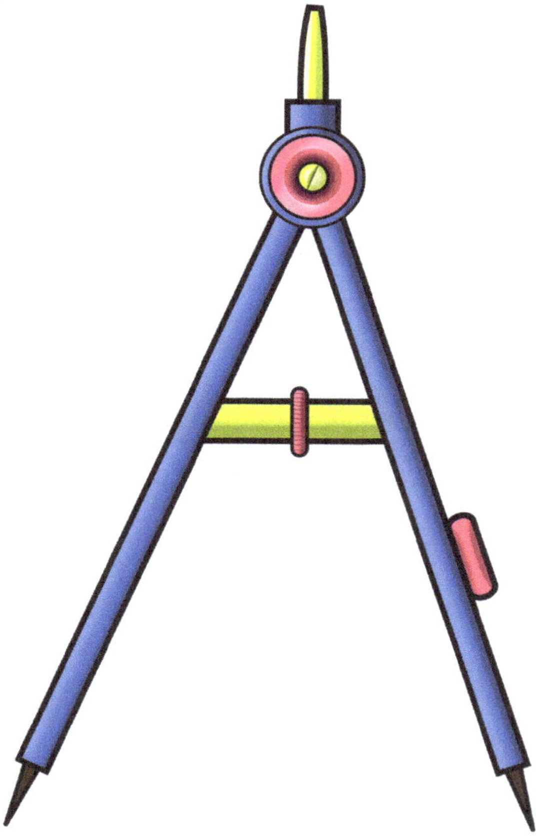

Раскрасьте картинки и убедитесь, что обе стороны одного цвета.
Paint the pictures and make sure both sides are the same color.

 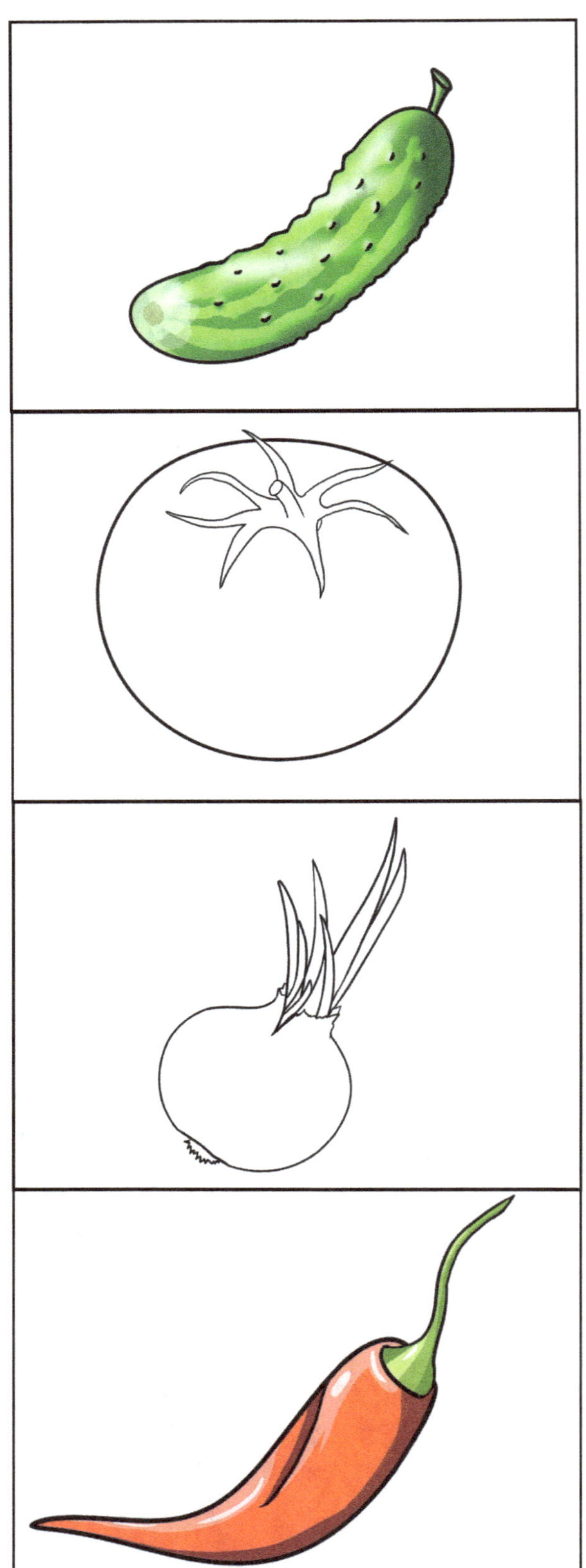

Найдите и отметьте ненужную часть картинки, которую нарисовал художник.
Find and mark the unnecessary part of the picture that the artist drew.

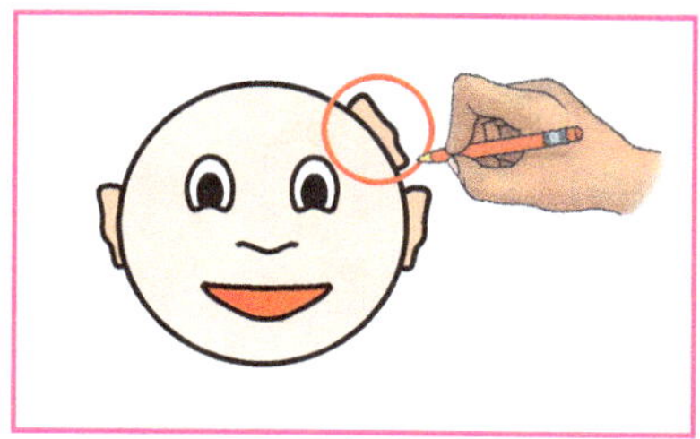

Нарисуйте символы под воздушными шарами, как показано в примере.
Draw the symbols under the balloons as in the example.

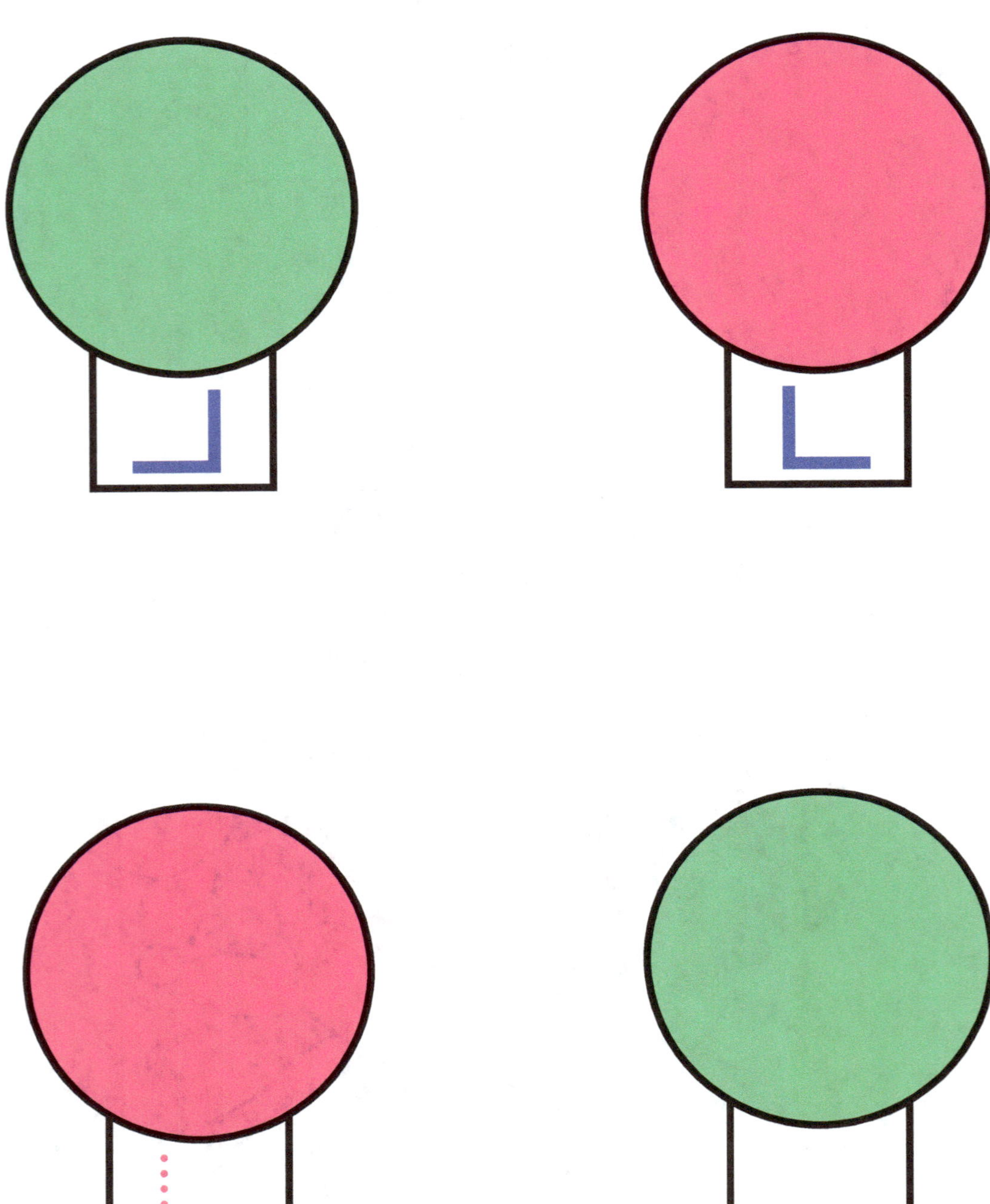

Возьмите животных в круг двумя группами.
Take the animals into the circle in two groups.

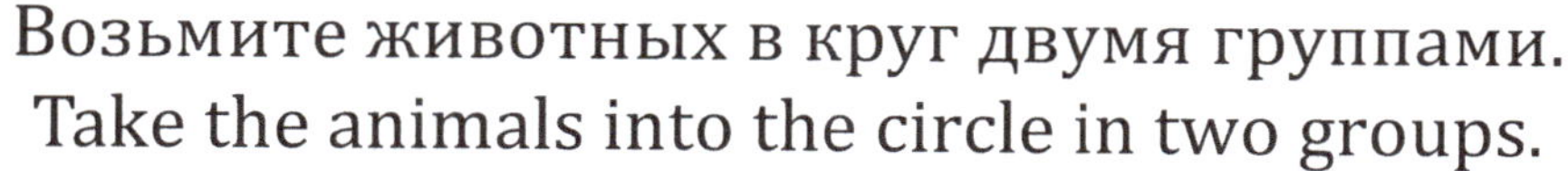

Отметьте, на каком музыкальном инструменте играет девочка.

Mark which musical instrument the girl is playing.

Он имеет желтый цвет и кисловатый вкус.
It has a yellow color and it has a sour taste.

Какая из шляп должна прийти на пустое место по порядку? Отметьте.
Which of hats should come to the blank place in order? Mark it.

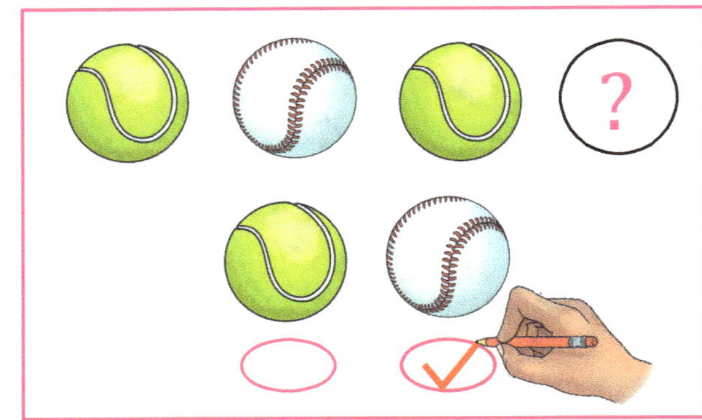

Какому наушнику принадлежит отражение в воде? Отметьте.
Which earphone does the reflection in the water belong to? Mark it.

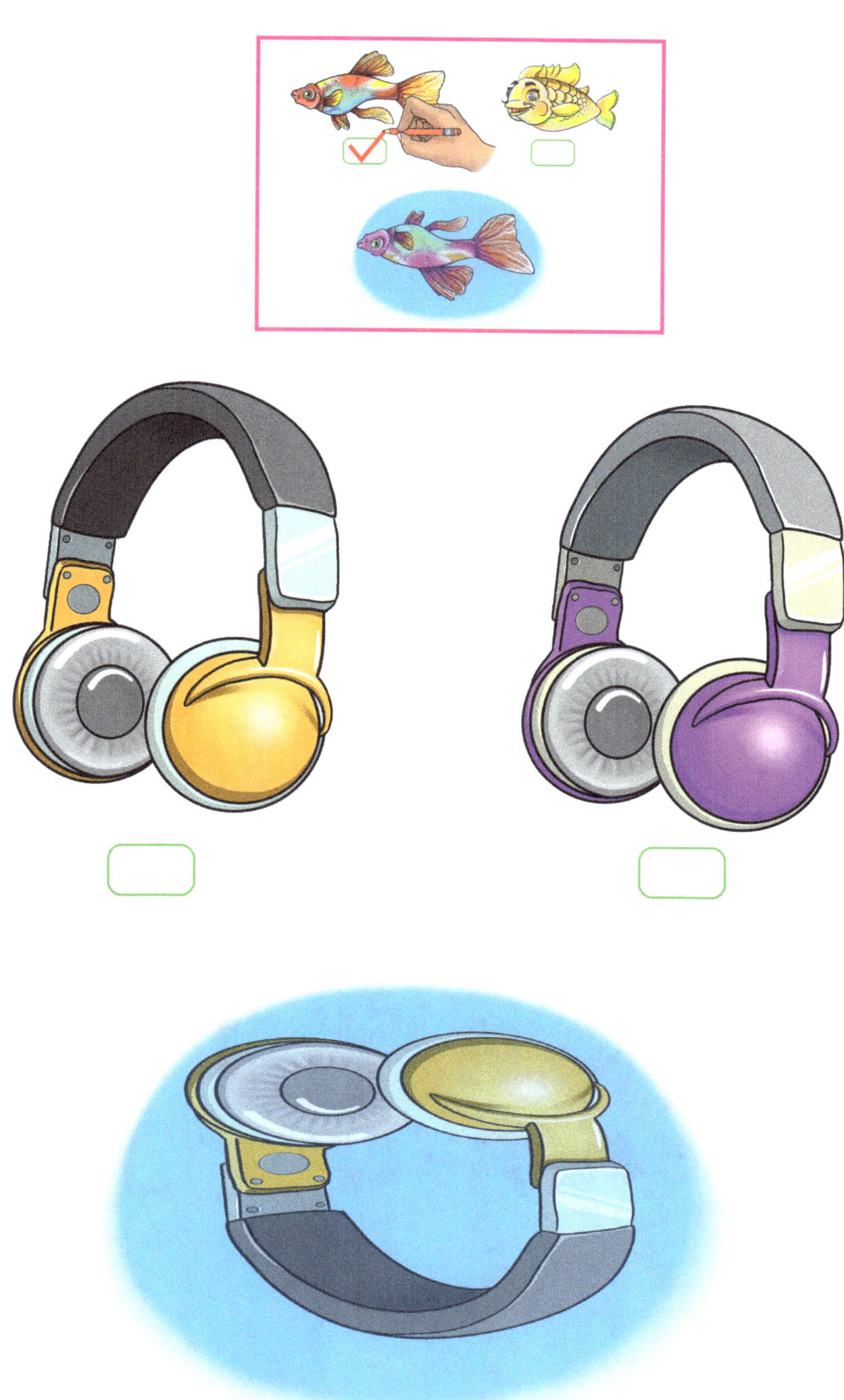

Куда следует выбрасывать макулатуру? Отметьте.
Where should waste paper be thrown away? Mark it.

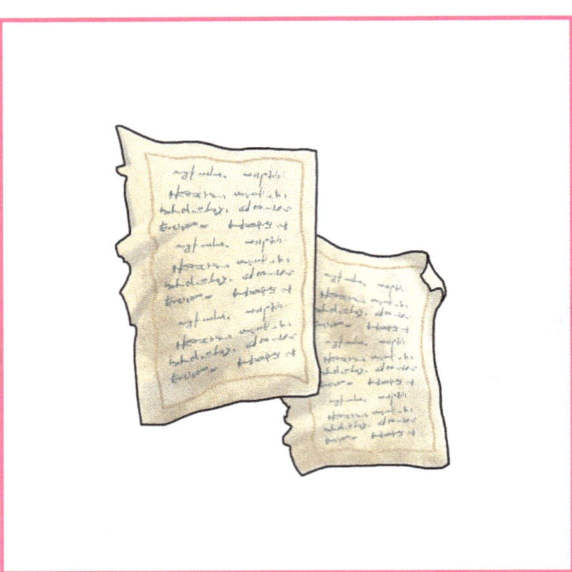

Отметьте предметы, принадлежащие повару.
Mark the objects that belong to the cook.

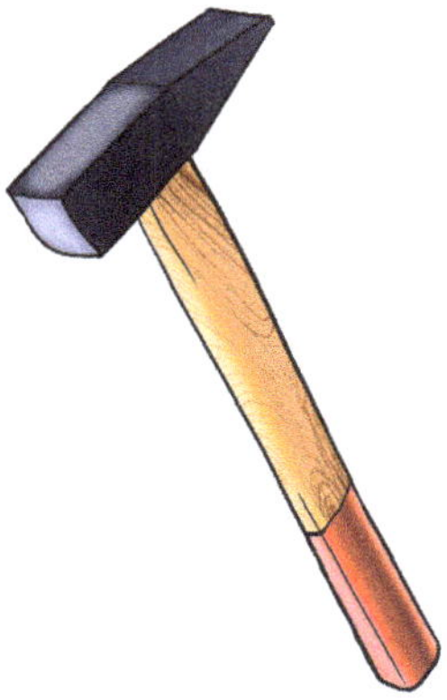

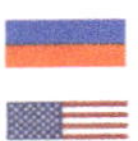 Следуя за линиями, делайте с малышом гимнастику для глаз. Повторите упражнение не менее 5 раз.
Do eye exercises following the lines with the baby. Repeat the exercise at least 5 times.

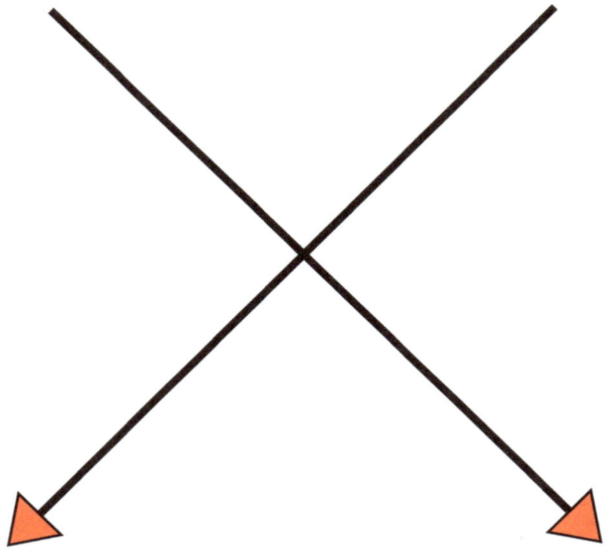

Посмотрите внимательно на картинку... (Най дите разницу на следующей странице.)
Look at the picture carefully ... (Find the difference on the next page.)

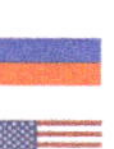

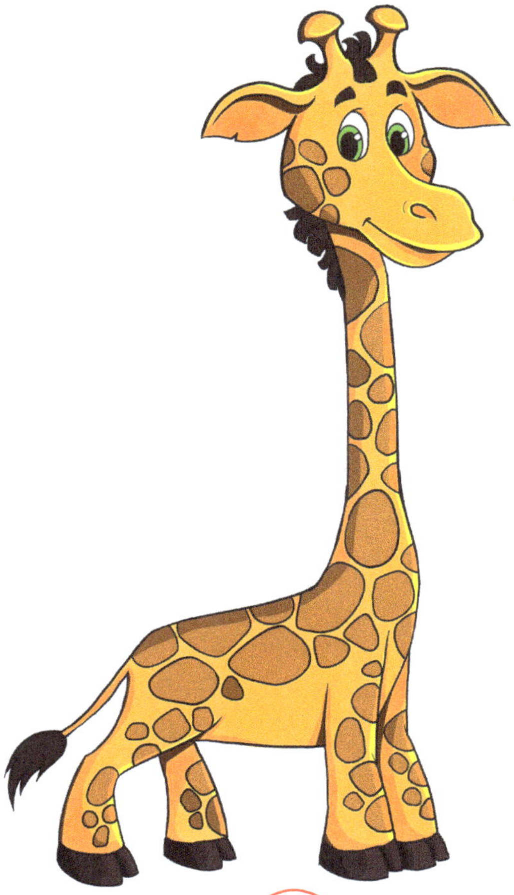

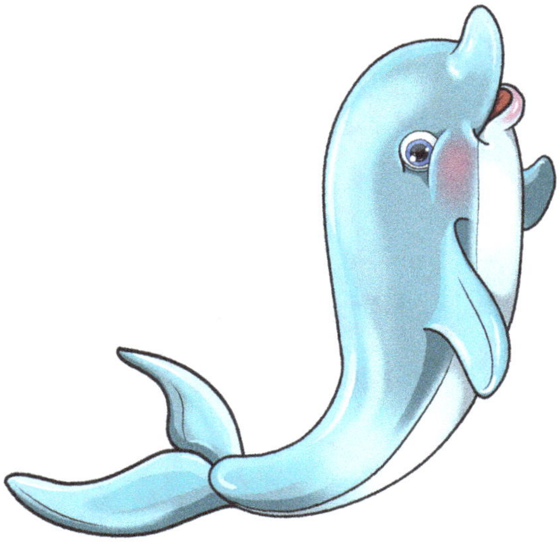

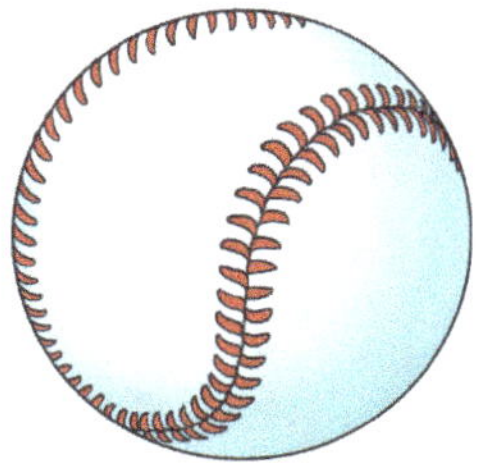

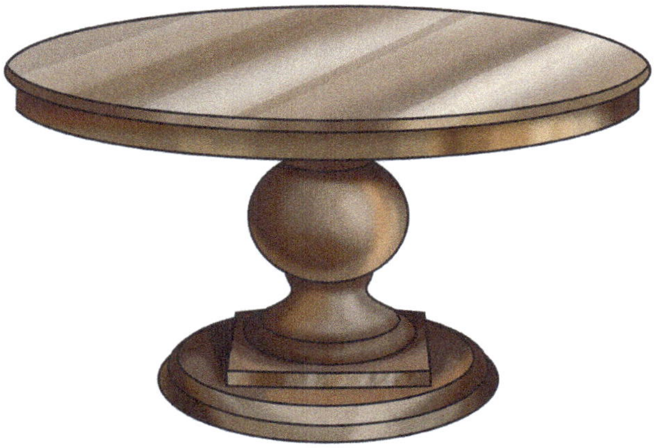

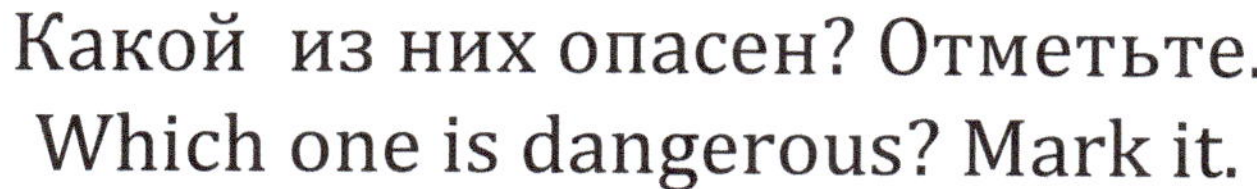

Какой из них опасен? Отметьте.
Which one is dangerous? Mark it.

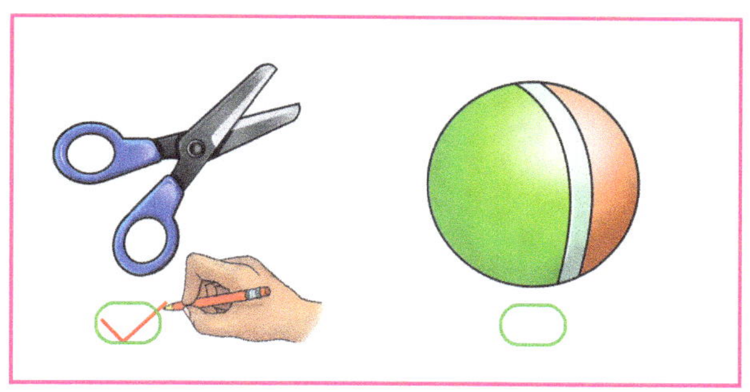

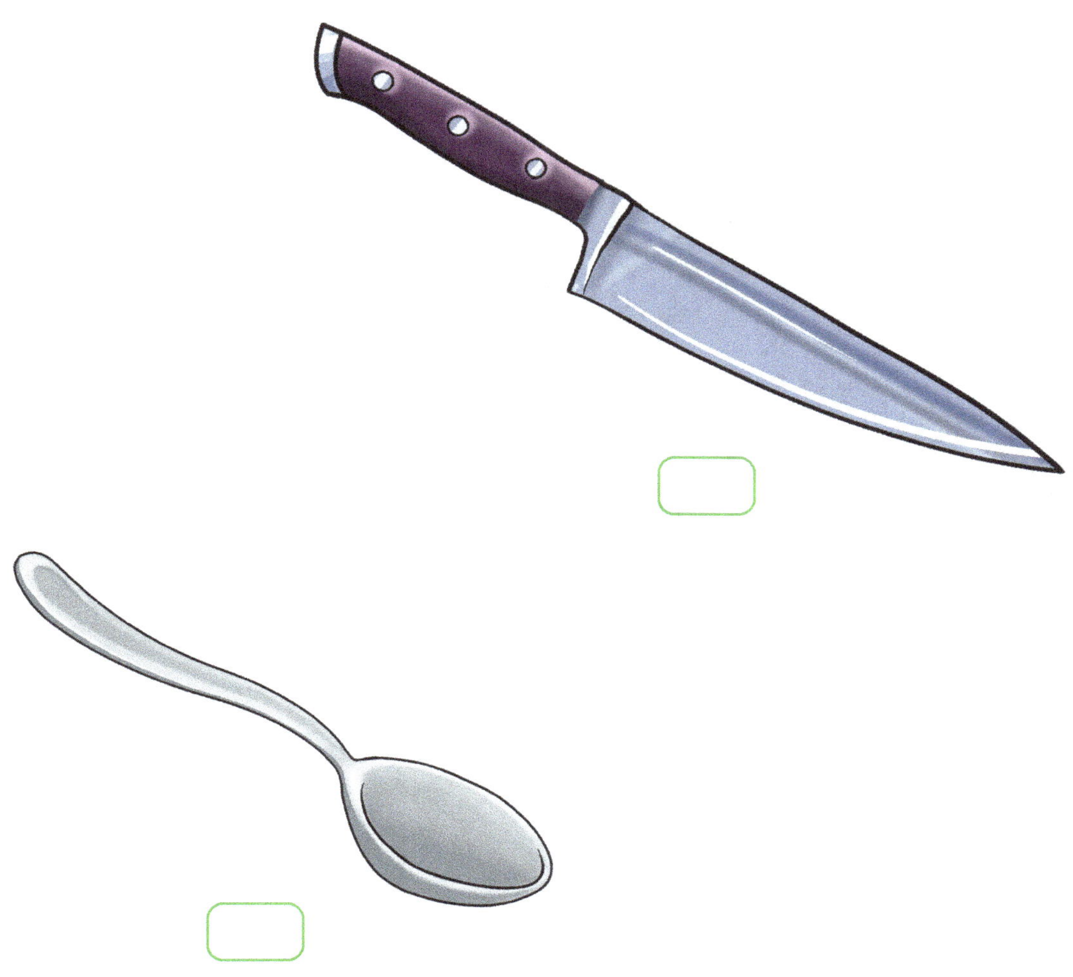

 В какой строке на картинке изображена лягушка в пруду? Отметьте.
In which line is the frog in the pond in the picture? Find and mark it.

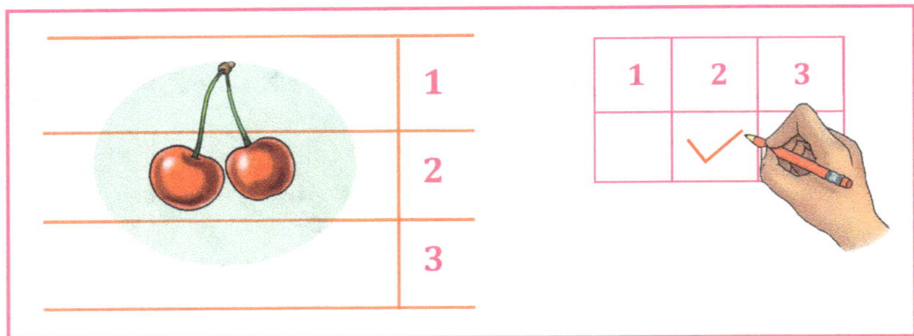

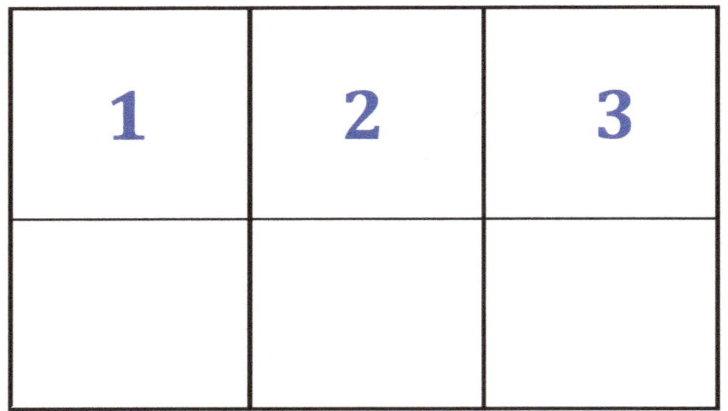

Кто из них стоит в другую сторону? Отметьте.
Which one is standing in a different direction? Mark it.

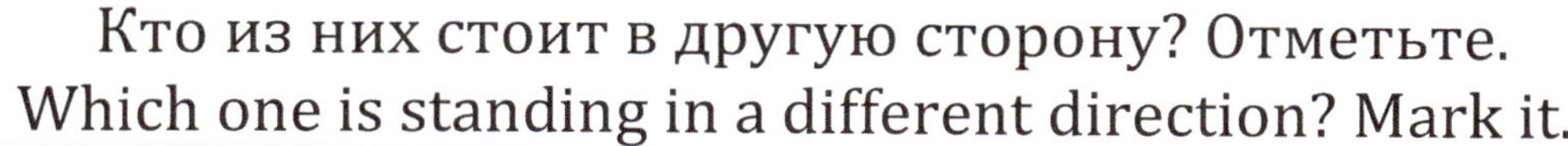

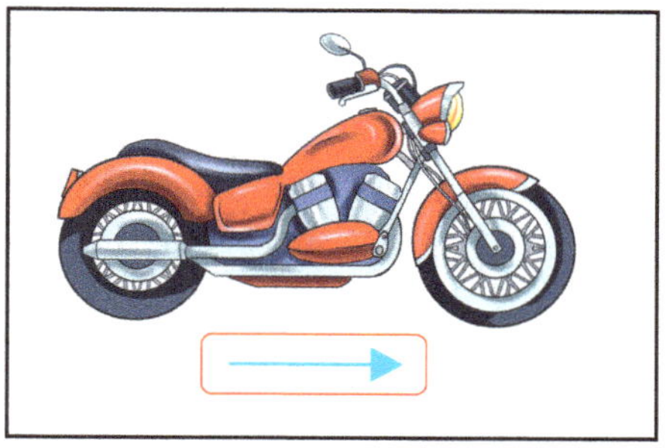

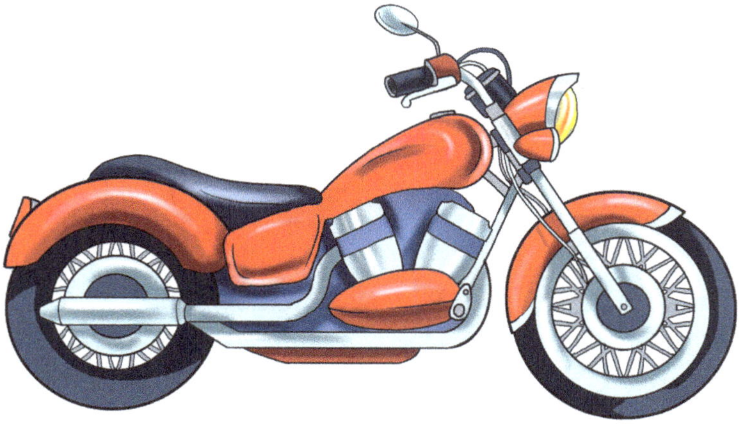

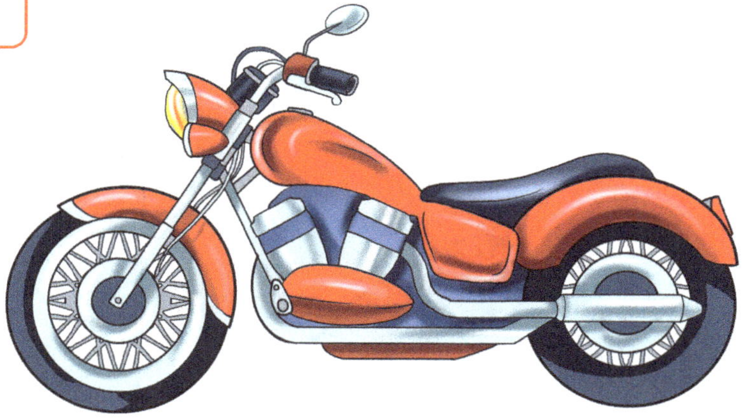

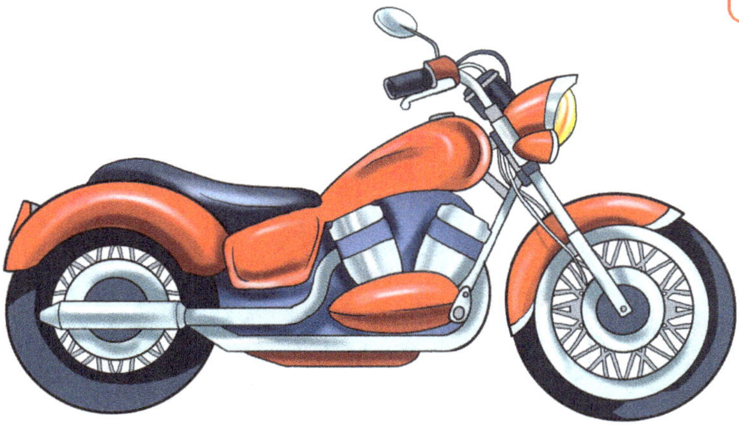

Коснитесь пальцами разноцветных кругов на картинке. От медленного к быстрому.
Touch on the colorful circles in the picture with your fingers. Slow to fast.

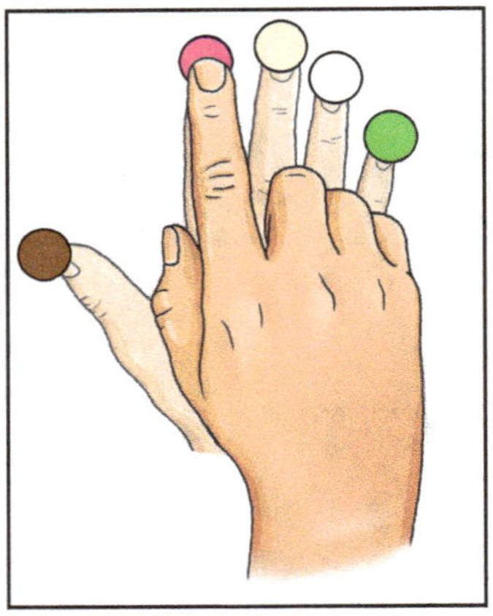

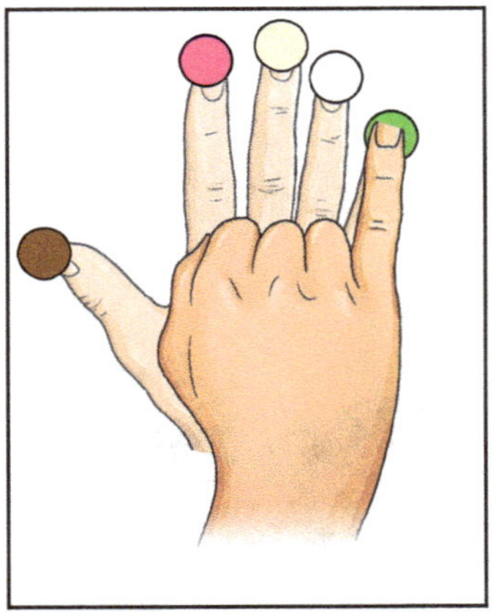

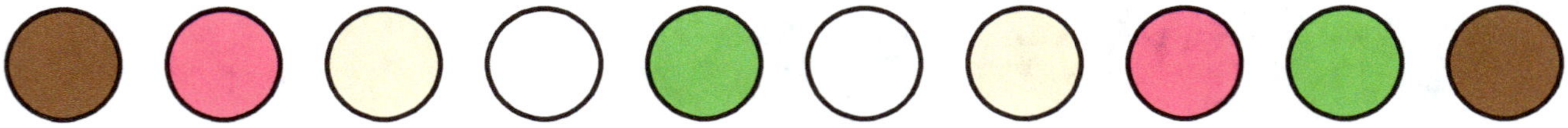

Какому вертолету принадлежит эта деталь? Отметьте.
Which helicopter does this part belong to? Mark it.

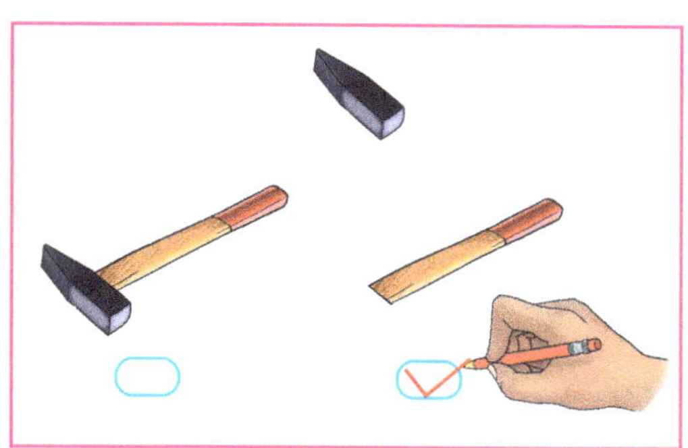

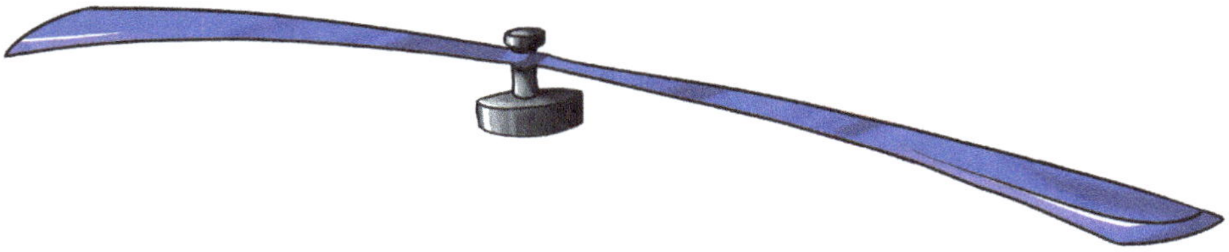

Какой предмет помещен в рамку ниже? Сопоставьте.
Which object is placed in the box below? Compare it.

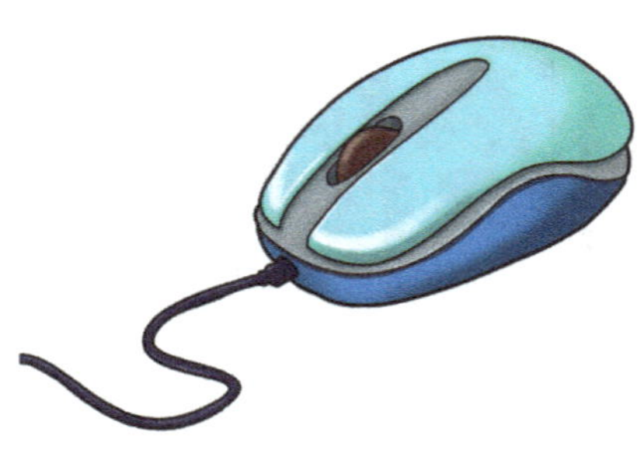

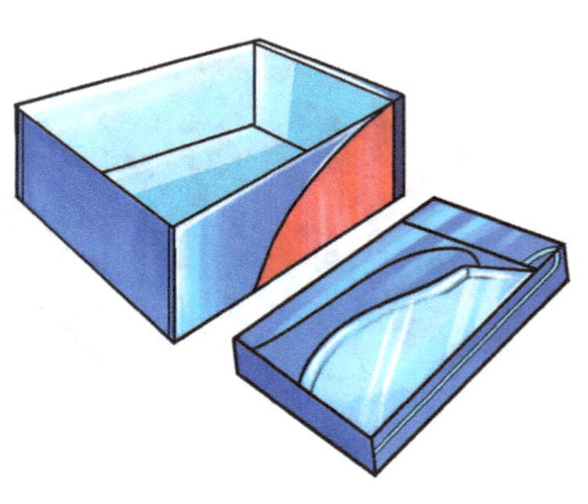

Сопоставьте предметы, которые вы не можете разделить.
Match the objects that you cannot separate.

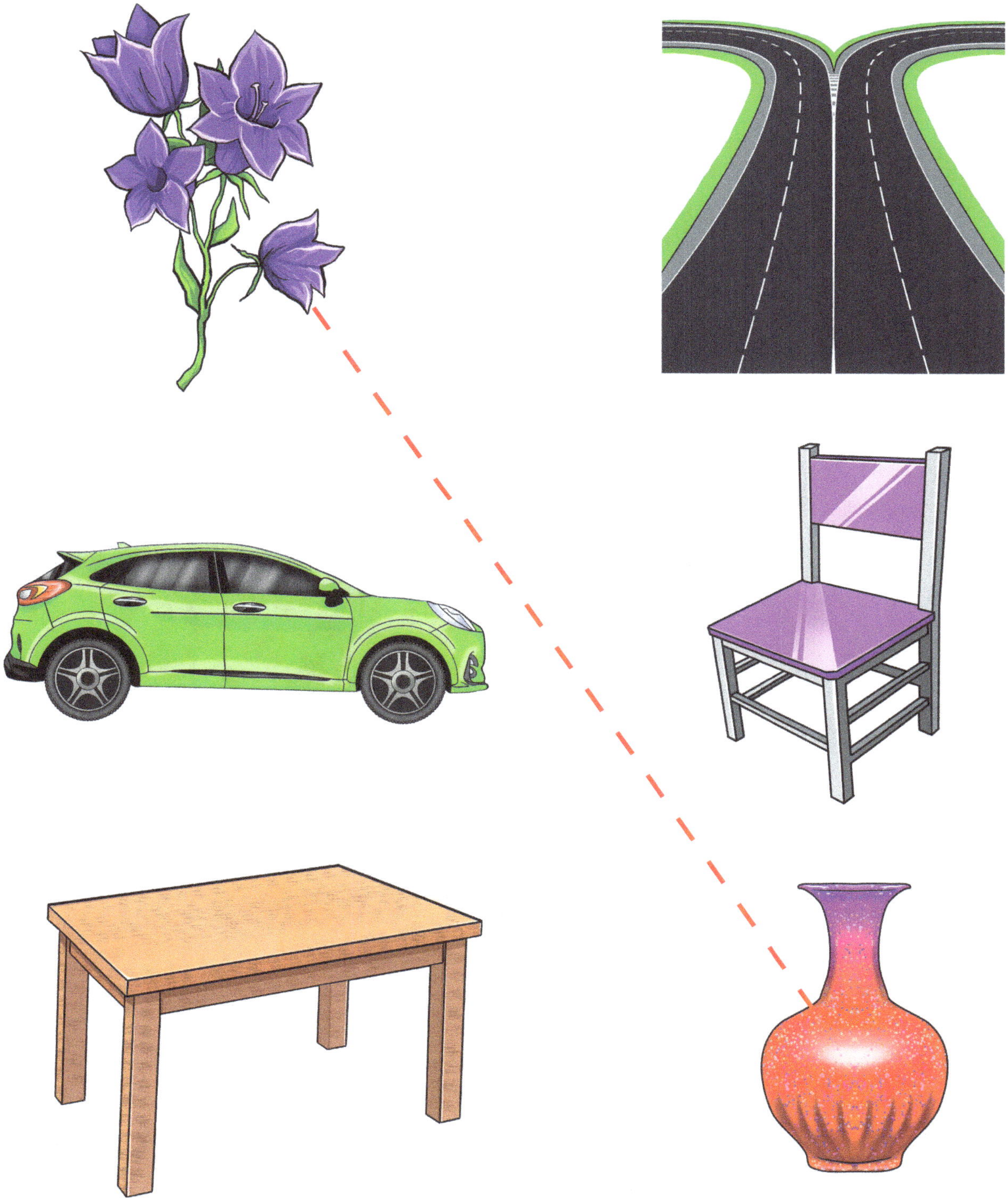

Нарисуйте рыб столько же, сколько пингвинов, как в примере.
Draw fish as many as penguins as in the example.

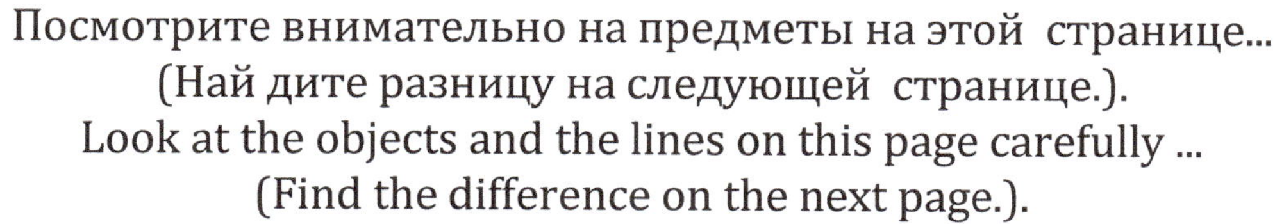

Посмотрите внимательно на предметы на этой странице...
(Най дите разницу на следующей странице.).
Look at the objects and the lines on this page carefully ...
(Find the difference on the next page.).

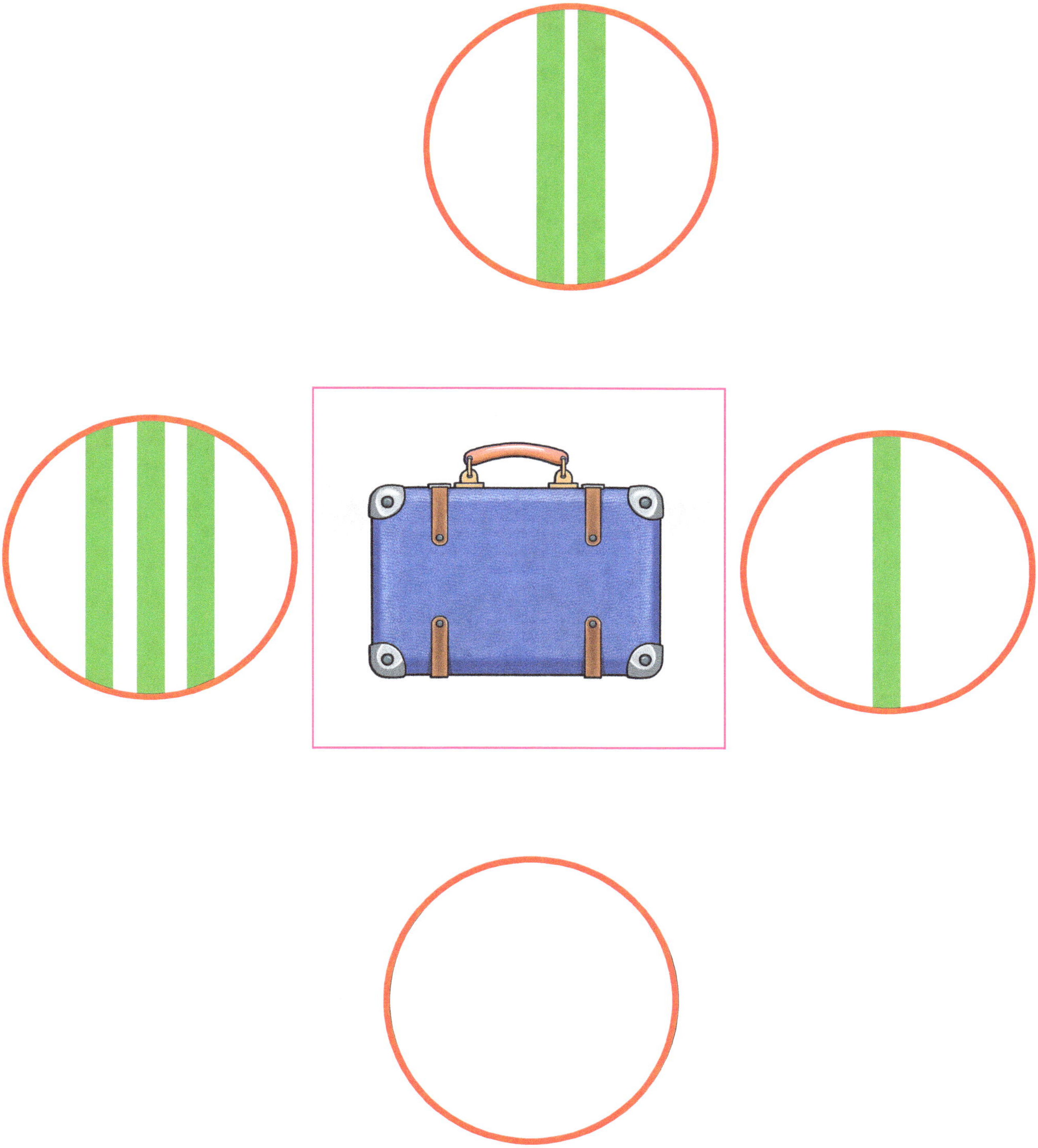

Узнайте, что изменилось на этой странице.
Find what is changed on this page.

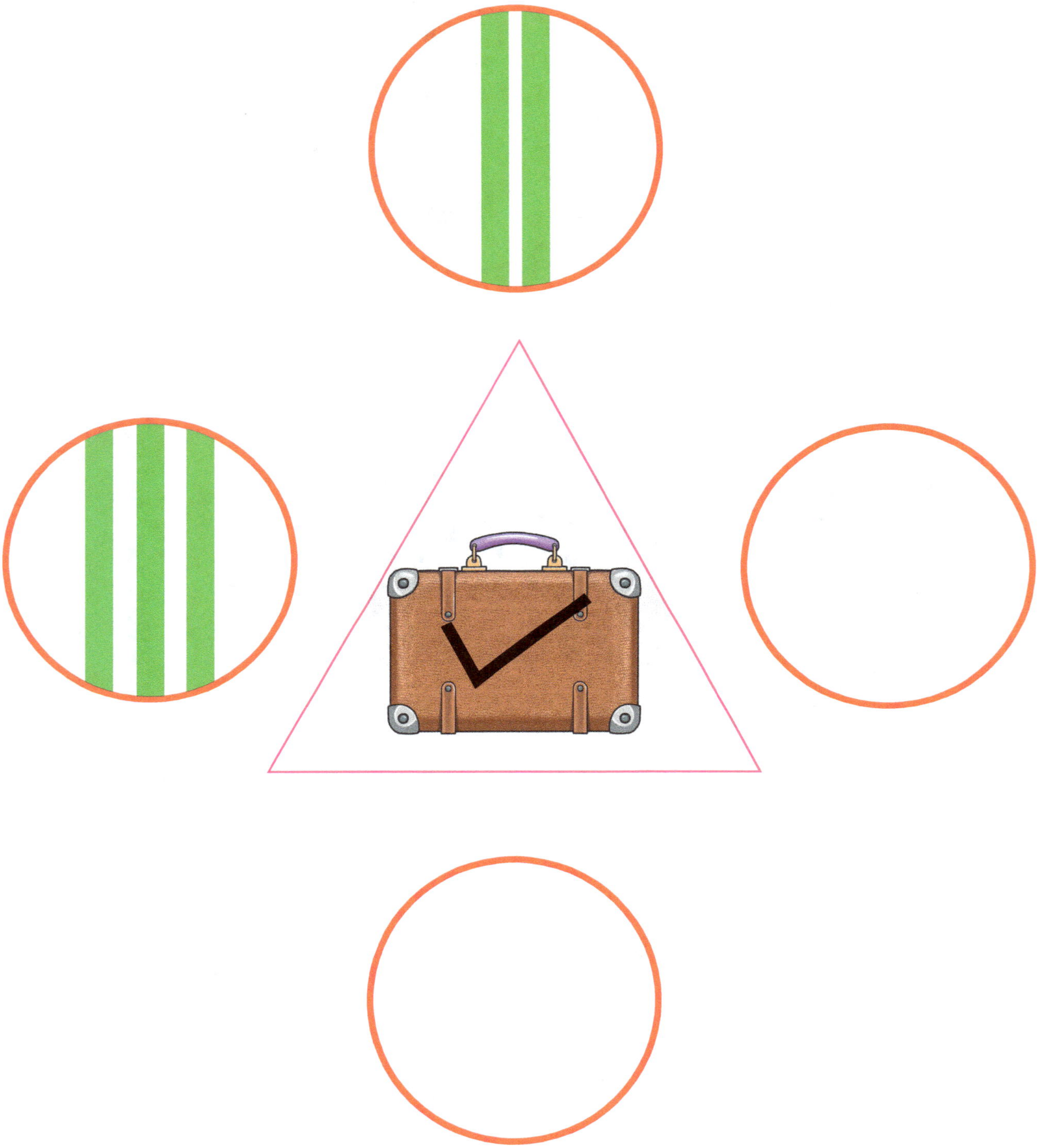

Какой чайник нарушает порядок высоты? Отметьте.
Which tea pot breaks down the height order?

Сопоставьте предметы и кошку, которые нельзя разделить.
Match the cat and the objects that cannot be separated.

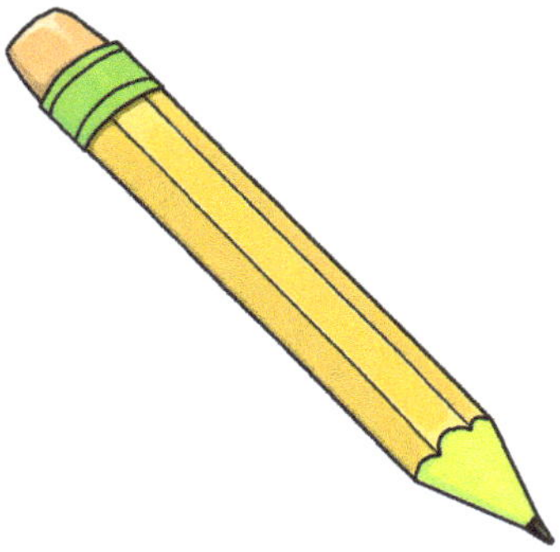

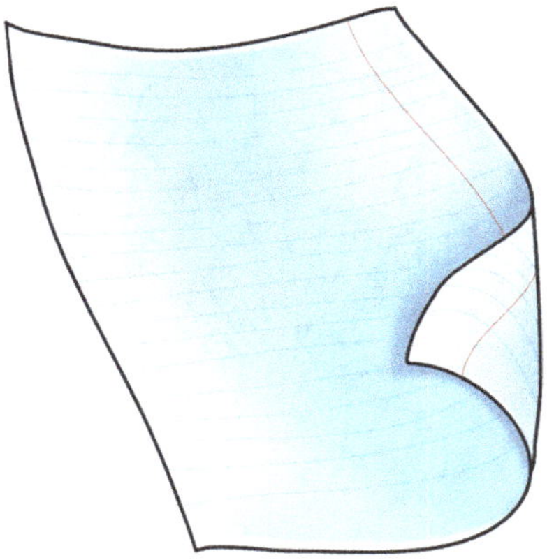

Отметьте неокрашенную форму веера на картинке.
Mark the uncolored shape of the hand fan in the picture.

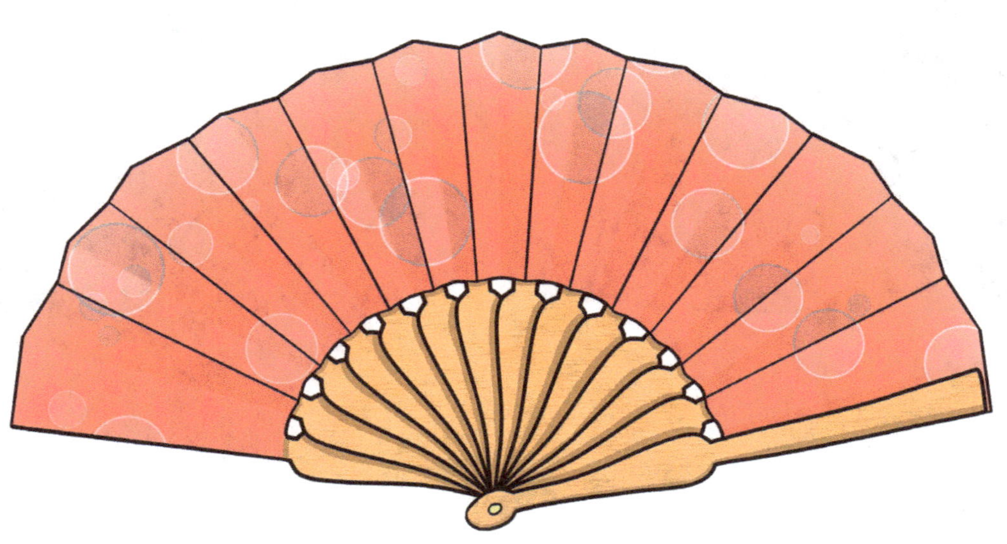

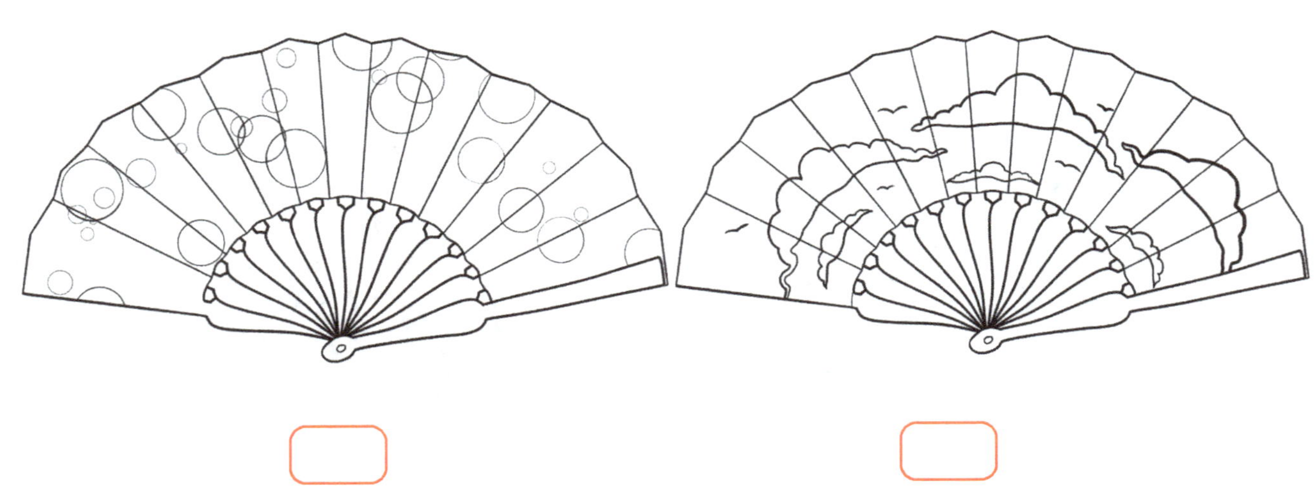

www.ingramcontent.com/pod-product-compliance
Lightning Source LLC
Chambersburg PA
CBHW060620120726
48002CB00010B/3051